# Андрей Курпатов

художник Ольга Кордюкова

# МОЗГ, который нужен всем

Издательский дом Капитал

**2020**

2

КХМ-М-М...

Полагаю, необходимо представиться...

Я здесь — самый главный! Я вообще самый главный, но уж тут — сто процентов.

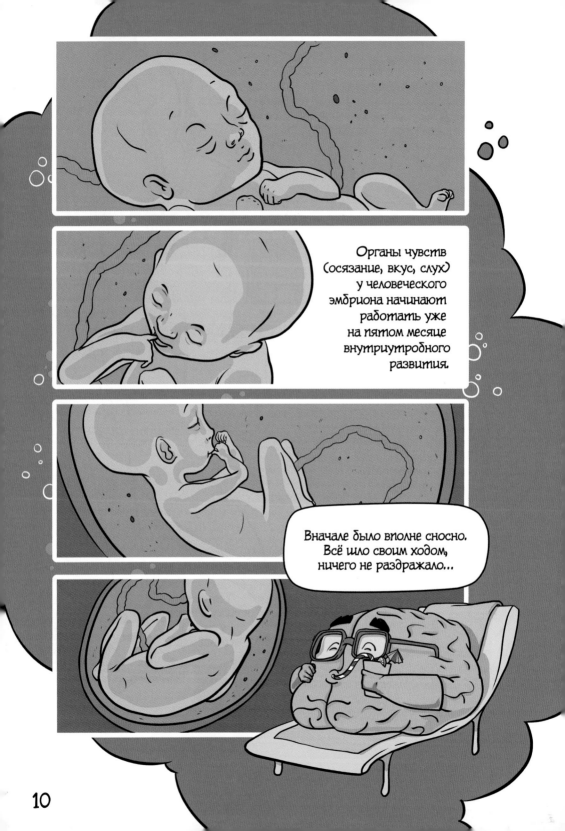

# НЕЙРОННЫЕ СВЯЗИ

В мозге взрослого человека порядка 87 млрд нейронов, каждый
из которых имеет от тысячи до десяти тысяч контактов
(синапсов) с другими нейронами мозга. То есть это очень мощная
сеть, постепенное формирование которой продолжается до 25 лет!

Но и это ещё не всё. Когда вы родились, в вашем мозге было
значительно больше нейронов, чем сейчас. Не все они выжили, потому
что, чтобы выжить, нейрону нужно получить сигнал из внешней
среды и суметь связаться с другими нейронами с помощью синапсов.

Именно поэтому маленькие дети настолько непоседливы.
Сами того не зная, они ищут новые и новые раздражители,
чтобы их нейроны активизировались и не погибли,
а послужили им долгие годы.

И знаете, что самое кошмарное?
Парень сам начал везде лезть!
Всё лапать и тащить в рот!

Я не шучу, он реально
всё тащил в рот!

КИСЯ!

Сказать честно,
мне этот способ
тоже казался
эффективным...

до того
случая,
когда

Бе-бе-бе-э-э-э!!!
Забыли, забыли!

# ЧУВСТВО БОЛИ

Мы должны знать, опасна окружающая среда вокруг нас или нет, поэтому на каждом миллиметре кожи человека находятся тысячи нервных окончаний. Это отростки нервных клеток, которые находятся в головном и спинном мозге.

Эти кожные рецепторы способны различать механические, химические и тепловые воздействия. Если они оказываются очень сильными, информация тут же поступает в мозг — нас обожгли, переохладили, облили кислотой, продырявили!

Поступив в мозг, эта информация превращается в чувство боли. Да, это происходит не в теле, а именно в мозге. Мозг создаёт чувство боли, чтобы заставить ваше тело бежать прочь, спасаться, защищаться или зализывать раны.

Но не следует бояться боли, ведь тактильные ощущения очень важны мозгу, спрятанному в черепной коробке, для создания чёткой картины мира. Учёные считают даже, что само наше мышление развивается именно потому, что мы умеем чувствовать мир на ощупь — кожей.

Если честно, мне было скучно, и я использовал парня, чтобы исследовать всякие интересные штуковины.

Эффект зачастую был неожиданным...

... и даже опасным для здоровья!

А иногда и выживание было под вопросом!

# ПОЗНАВАТЕЛЬНАЯ ДЕЯТЕЛЬНОСТЬ МОЗГА

Мозг создан для того, чтобы учиться. Это вам только кажется, что он это дело не любит, неправда. На самом деле, учение — это его страсть! Рождаясь на белый свет, ребёнок ещё ничего о нашем мире не знает. Он даже не умеет видеть, не научился ещё слышать — он живёт в ужасном хаосе раздражителей.

Дальше каждая клетка нашего мозга, каждый нейрон должен был выучить свою функцию и натренироваться в ней. Какие-то нейроны, выучившись, рисуют перед нами этот красочный мир. Другие научатся различать человеческую речь, лай собаки, музыку или звук движущегося автомобиля.

К трём годам практически все дети начинают говорить и понимают много из того, что им говорят. Задумайтесь, в школе иностранный язык мы учим много лет, а ребёнок, который едва встал на ноги, уже способен говорить на иностранном для него языке! Вот что значит жажда знаний...

Но со временем пластичность мозга будет снижаться, поскольку рост нервных волокон, которые связывают клетки друг с другом, будет ощутимо слабее. Вот почему молодые годы нужно максимально потратить с пользой для обучения.

22

# КАК МЫ УЧИМСЯ

Сидеть, ходить, бегать, говорить, манипулировать старшими, играть, рисовать — такому огромному количеству сложных вещей мы научились буквально за несколько первых лет!

Но почему, когда мы оказываемся в школе, самые простые, казалось бы, вещи — умение писать, считать, играть на музыкальных инструментах — даются нам с таким огромным трудом?

Всё дело в мотивации мозга.

Ходить и бегать нам хотелось, потому что так мы могли получить интересные нам вещи. Говорить мы хотели, чтобы все узнали, чего мы хотим. Манипулировать старшими мы тоже учились из корыстных соображений.

А какая мотивация у мозга изучать то, что предлагает школа? К сожалению, мозг школьника ещё не умеет так далеко заглядывать в будущее, чтобы увидеть, как ему эти знания могут пригодиться в жизни. Поэтому наш мозг сопротивляется обучению, которое мог бы пройти куда быстрее!

Отсюда правило — доверяйте старшим!

Их-то мозги уже выросли и знают, что нужно знать, а что нет. Чем больше вы доверяете своим родителям и учителям, тем легче вашему мозгу будет учиться.

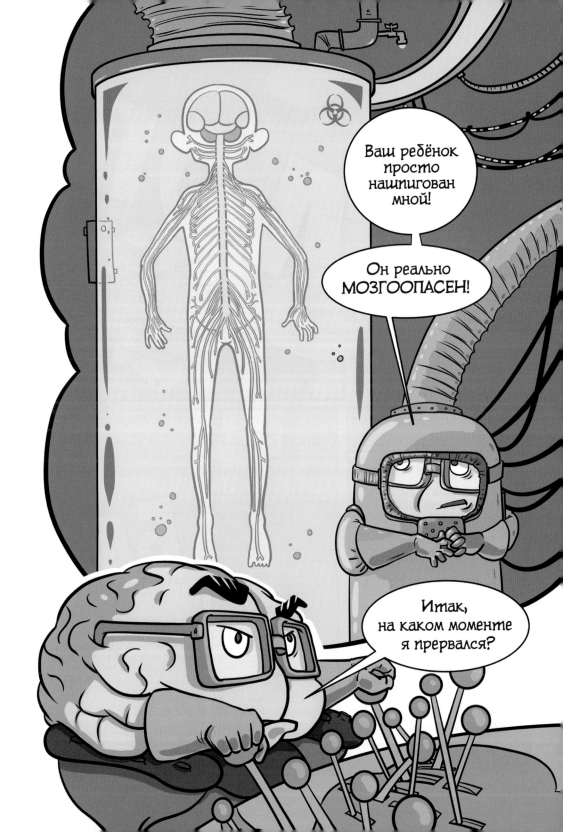

# СИЛЬНЫЕ ЭМОЦИИ И СЛЁЗЫ

Эмоции есть не только у людей, но и у животных. В природе эмоции выполняют роль подсказки. Если ситуация вызывает негативные эмоции, например страх или агрессию, то лучше в такие ситуации больше не попадать. Если эмоции, наоборот, положительные, то надо к этим ситуациям стремиться.

В отличие от животных мы могли бы вести себя разумно, ведь у нас есть знания, нам такие примитивные подсказки не нужны. Однако природу из мозга не выкинешь: за эмоции в нём отвечают нервные клетки, живущие в глубине мозга, в подкорковых структурах.

Так что часто эмоции нас подводят — мы злимся, раздражаемся, обижаемся и даже плачем, и тогда, когда, наверное, этого не стоило бы делать. Но как победить слёзы, если они уже подступают к глазам? Есть простой совет: перестаньте себя жалеть и подумайте о том, что вы герой и со всем справитесь.

Слёзы как рукой снимет!

33

ЧЕРЕЗ 10 МИНУТ...

Та-ак!

Экстренная постановка цели! Что бы выбрать? О! Мороженое!

В прошлый раз было за пятёрку. Нет, не получится, с прошлого раза прошла неделя...

задачка...

Вот! Нашёл!

Отпустят с папой на рыбалку! Точно!

ЗАЧЕМ НУЖНА ПЯТЁРКА?

Теперь мотивируем!!!

ПОСТАНОВКА ЦЕЛИ

36

# КАК МОЗГ
# ДЕЛАЕТ МУЗЫКУ И ВСЁ ПРОЧЕЕ?

Теперь вы уже знаете, что часть нервных клеток живут
в подкорковых структурах. Они отвечают за эмоции и достались
нам ещё от далёких эволюционных предков. Что ж, настало время
выяснить, что такое кора, под которой сидят эмоции.

Кора — это умные нейроны, которые отвечают за мышление
и интеллект. Но тут надо оговориться: интеллект бывает
не только тот, что задачи решает, есть и другие виды интеллекта.

Например, есть вербальный интеллект — он отвечает за умение
человека красиво говорить. Пространственный интеллект
помогает нам ориентироваться в пространстве и не теряться.
Математический интеллект нужен, чтобы хорошо орудовать
числами. А есть ещё и музыкальный интеллект!

Когда мы родились, у нас не было умения слышать музыку.
Ведь музыка — это то, что возникает у нас в мозге. Струны
музыкального инструмента лишь создают звуковую волну, и мозг
должен научиться считывать по этим колебаниям воздуха
мелодию. Это очень сложный навык!

Вот почему классические музыкальные произведения могут сначала
казаться вам неинтересными. Но если вы натренируете свой
музыкальный интеллект, то узнаете, как прекрасна музыка большого
симфонического оркестра!

41

**Внимание!
Начинаем музыкальный диктант!**

# КАК ИЗ МУЗЫКИ НОТЫ
# ПОПАДАЮТ НА БУМАГУ?

Мозг, спрятанный внутри черепной коробки, не имеет прямой связи
с внешним миром. О том, что там — снаружи — происходит, он
узнаёт с помощью рецепторов, которые находятся в коже (мы про них
уже говорили), в глубине глаз (сетчатка глаза), под костью за ушами
(так называемое «внутреннее ухо»), а ещё в языке, в носу... В общем,
под каждое наше чувство есть рецепторы, а соответствующие
нервные клетки, как мы уже знаем, находятся в коре головного мозга.
Здесь, объединившись, эти нейроны создают всё, что мы с вами
ощущаем — зрительные, слуховые, вкусовые и прочие образы.

Зрительная область коры головного мозга находится в районе затылка,
область, отвечающая за телесные ощущения, — посередине головы,
от уха до уха, а рядом с ней располагаются нейроны, которые
отвечают за движение наших рук, ног, головы, языка и т.д.
Ну и конечно, пальцев, если вы вздумали музицировать!

У звуков, кстати сказать, тоже есть своя зона дислокации: они
живут в височной доле мозга, которая, как нетрудно догадаться,
находится за ухом и в районе виска. Можно продолжать рассказывать
и про другие чувства в мозге, но мы пройдём чуть дальше.

В отличие от других животных человек умеет не только
эмоции испытывать и мир наблюдать, но он ещё и язык освоил!
А язык — это не просто звуки, это ещё слова, их значения и смысл.
Для этих целей нашему мозгу тоже потребовались специальные
нервные центры, которые получили свои названия по фамилии их
первооткрывателей — докторов Поля Брока и Карла Вернике.

Впрочем, на этом дело не закончилось, ведь людям очень понравилось пользоваться языком. Поэтому человек придумал и другие, дополнительные языки, например математический язык (язык цифр и формул). Но самый удивительный, быть может, язык — это язык музыкальных произведений, нотный язык.

А теперь представьте, какая это сложная работа для мозга: суметь ухватить звуковую волну от музыкального инструмента, превратить её в музыку в своей слуховой коре, дальше соотнести эту музыку со знаками музыкального языка и, наконец, подключить к этой системе телесные чувства и двигательные реакции. В противном случае, без этого, как вы сможете взять ручку и записать мелодию в нотной тетради? В общем, тренироваться ещё мозгу и тренироваться, чтобы всё вышло по лучшему разряду.

44

# ПОТРЕБНОСТИ ЧЕЛОВЕКА

Эволюция живых организмов была бы невозможна, если бы у животных не было потребностей. Наш мозг был создан для того, чтобы мы могли сохранить свой организм — накормить его, защитить от хищников и других угроз, а кроме того, построить отношения с другими людьми (ведь от них тоже зависит наша жизнь) и произвести потомство.

Поведение человека сильно зависит от того, насколько удовлетворены его потребности. Если вы испытываете сильный голод, например, то ваш мозг подсказывает вам, что вы должны сделать, чтобы эту потребность удовлетворить.

Но будьте осторожны и осмотрительны! Опасности могут поджидать нас не только в диком лесу, но и на кухне!

# КАК МОЗГ НАС УЧИТ

Поскольку мы приходим в этот мир, совсем его не зная, нам предстоит долгий процесс обучения. И чтобы мы учились, мозг использует и кнут, и пряник.

Великий российский учёный Иван Павлов изучил этот механизм обучения и назвал его «подкреплением поведения», которое может быть «отрицательным» и «положительным».

Когда вы делаете что-то, что идёт в разрез с потребностями мозга, он вас наказывает «отрицательными подкреплениями», то есть всякими неприятными чувствами.

Например, если вы подвергаете свою жизнь риску, ударяясь головой о что-то тяжёлое, он наказывает вас болью. Он хочет, чтобы вы запомнили — так делать не нужно, береги голову! Он накажет вас и в том случае, если вы со всеми своими друзьями перессоритесь — только не болью, а чувством одиночества и плохим настроением.

Впрочем, у него для нас припасены и «положительные подкрепления». Вы почувствуете радость, получив хорошую оценку. Вам будет весело, если вы хорошо ладите с друзьями и родителями. Так что всё в наших руках — нужно только прислушиваться к советам своего мозга!

> Рецепторы даны человеку, чтобы он всё чувствовал, мог принимать правильные решения, в зависимости от условий, и был максимально приспособлен к выживанию в этом сложном, меняющемся мире.

НО! Существуют отдельные личности, для которых работа эволюции ничего не значит!

Они не учатся ни на чужом...

...ни на своём собственном опыте...

А всё почему?

Потому что кое-кто — не будем показывать пальцем — решил, что они тут главные и всем управляют!

И мне в очередной раз придётся провернуть этот фокус с болью...

...иначе он всех нас когда-нибудь угробит чем-нибудь горячим!

НЯ-АМ!

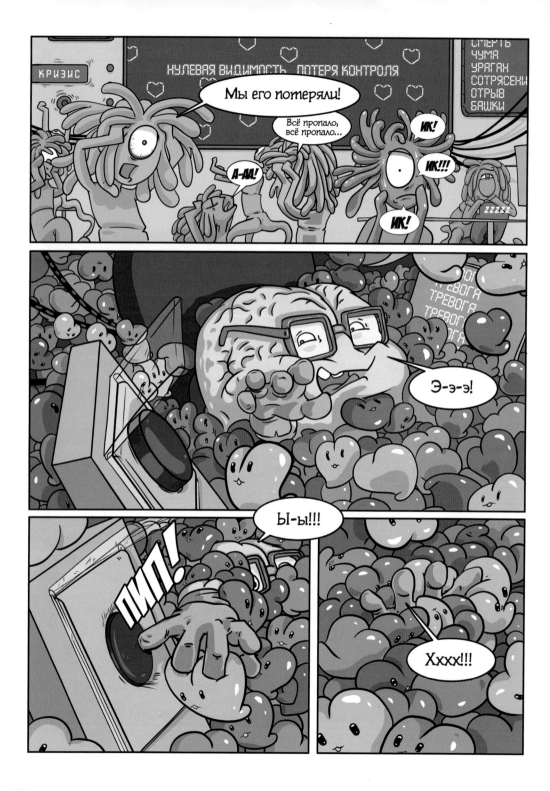

# НУЖНО УМЕТЬ
# СЕБЯ КОНТРОЛИРОВАТЬ

Потребности и желания, как мы уже знаем, сильно влияют
на поведение человека. Иногда желание оказывается настолько сильным,
что вы можете даже наделать разных глупостей.

Например, вам понравился торт и вы попытались съесть его целиком.
Что ж, у вас ужасно разболится живот и придётся ехать в больницу.
Вы можете захотеть бегать по холодной погоде без шапки, и вас
тоже, возможно, будет ждать больница.

Иногда кто-то очень хочет, чтобы его любили, чтобы с ним дружили,
и начинает злиться, если этого не чувствует. Его злость выливается
в конфликты, ссоры, сопровождается обидными словами, и, как
результат, ни тебе дружбы, ни любви.

Это значит, что мы должны научиться контролировать свои желания
и не терять голову. Когда желание зашкаливает, нужно включать
холодный ум, быть рассудительным, думать о последствиях своих
действий и серьёзно взвешивать все «за» и «против».

Взрослость и зрелость человека определяются тем, насколько он
способен контролировать свои эмоции в стрессовых ситуациях
и насколько он осознаёт собственные желания, чтобы
не оказаться их рабом.

# ДРУЖБА НЕЙРОНОВ

Миллиарды нейронов, живущих в нашем мозге, постоянно общаются друг с другом с помощью нейронных связей, чтобы найти наилучшие решения для нашей жизни. Но не всё сразу — где-то им не хватает информации и знаний, а где-то просто связи между ними ещё не стали достаточно крепкими.

Каждая связь между нейронами называется синапсом. Это как соприкосновение ладошками — миллиардов и миллиардов ладоней. Чем плотнее соприкасаются эти нейронные ладошки, тем успешнее ваш мозг.

Вот почему, когда вы учитесь, занимаетесь, тренируетесь, что-то изучаете, решаете какие-то задачи — вы делаете нечто большее, вы укрепляете связи между нейронами, они становятся надёжнее.

Почему это так важно? Потому что мир, в котором мы живём, очень сложен. И чем больше его узнаёшь, тем отчётливее понимаешь, что всё куда сложнее, чем ты думал вначале. Поэтому не только нам, но и нашему мозгу — очень непросто.

А он, как вы уже поняли, источник всех наших радостей и бед. Поэтому так важно понять, как он работает, подружиться с ним, помочь ему получить необходимую информацию, дать ему возможность натренировать все необходимые навыки. От этого зависит, насколько нас радует наша жизнь.

# САМОЕ ВАЖНОЕ – ЭТО ДРУГИЕ ЛЮДИ!

Теперь главный секрет, который нужно знать про мозг
и его развитие!

Да, для него всё важно: любая тренировка, любое знание, любой опыт.
Всё это обогащает его арсенал и делает вас более успешными.
Но самое важное для его развития — это эмоциональный контакт
с другими людьми.

Именно отношения с другими людьми лучше всего тренируют нашу
речь, логическое, абстрактное и креативное мышление. От этого
в конечном итоге зависит то, как мы воспринимаем окружающий
мир и насколько мы можем быть успешны в жизни.

Но другие люди — они сложные. Сложно понять, что для них важно,
почему они реагируют в одних ситуациях так, а в других — иначе.
Часто бывает сложно прийти к компромиссу, потому что один
настаивает на одном, а другой — на другом. В результате часто нам
может казаться, что нас не понимают, не любят, что мы не важны
и не интересны.

И тогда некоторые залезают в свои гаджеты, надеясь там найти
поддержку, взаимопонимание и просто забавные штуки, которые
помогут забыть о проблемах. Но это точно не выход. Наоборот,
телефоны и планшеты формируют зависимость, мозг от них не
развивается, а наоборот — портится.

Так что, как бы ни были трудны отношения с другими людьми,
нужно учиться взаимопониманию, эмоциональной поддержке и заботе.
Люди хоть и сложные, но хорошие, просто к каждому нужно
найти подход. И поможет нам в этом наш мозг!

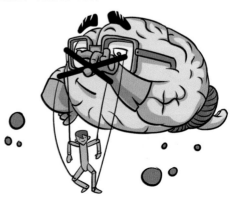

ДИНЬ-ДОН!

Иду, иду!

Я уже начинала волноваться!

Ма, со мной...

... такое было!

Я пошёл, а на светофоре — бац — Марина Иванова! Я — провожать! Вдруг раз — заблудился! А там строители сделали забор!

Просто кошмар!

Но я всё нашёл и добрался до бабушки. И мы пили чай! С фотографиями!

# ЗАЧЕМ СПАТЬ НОЧЬЮ?

Наш мозг никогда не спит. Когда вы ложитесь в постель, засыпает ваше сознание, а вот мозг — нет. Мозг продолжает трудиться сутки напролёт. Чем же он занят?

Когда сознание отключается, вы перестаёте получать информацию из внешнего мира. Поэтому наш мозг может спокойно — в тишине и покое — проработать те данные, которые усвоил за день.

Вот почему так важно не засиживаться по ночам и спать не меньше девяти часов в сутки. Это необходимо, чтобы вся информация, которую вы получили во время учебы и других занятий, хорошо усвоилась.

Кроме того, когда вы спите, ваш мозг проводит генеральную уборку. Именно во время сна из него вымываются продукты жизнедеятельности нервных клеток. Вот почему недостаток сна вызывает головную боль, плохое настроение и общую слабость.

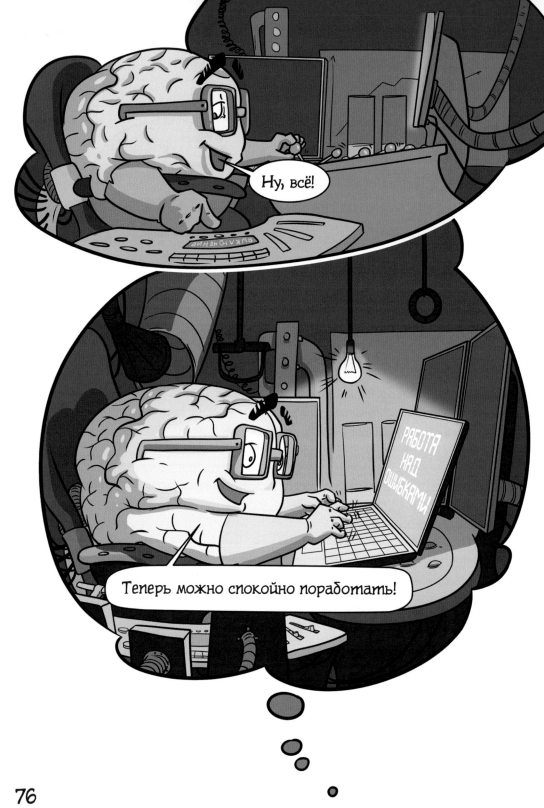

# БЕСТСЕЛЛЕР
## «КРАСНАЯ ТАБЛЕТКА»

— ПОСМОТРИ ПРАВДЕ В ГЛАЗА! —

Настоящий мир не таков, каким кажется.

Порой мы чувствуем, что живём не своей жизнью. Словно какой-то сбой в Матрице: мучаемся от одиночества, бессмысленности жизни, не понимаем своих истинных желаний.

Мы хотим прожить другую — лучшую — жизнь. Но не знаем как. Беда в том, что нам слишком долго рассказывали о счастье, успехе и любви. Никто не предупредил, что радостные чувства мимолётны, успех кажется таковым только со стороны, а всякая страсть заканчивается разочарованием.

Такова правда. «Синяя таблетка» иллюзий и неведения дана нам по умолчанию, а вот «красную» нужно и выбрать, и проглотить, и пережить непростой процесс внутреннего изменения.

Ответственность, разумеется, на том, кто делает выбор.

# продолжение
# БЕСТСЕЛЛЕРА,

## «КРАСНАЯ ТАБЛЕТКА-2»

— ПРАВДА СЛАДКОЙ НЕ БЫВАЕТ! —

«Как достичь успеха?» — это, кажется, сейчас самый актуальный вопрос. Нам постоянно рассказывают про какой-то «успешный успех». Обещают сакральное знание о том, как к нему прийти. Пичкают историями об успешных людях, и вообще мотивируют как могут. Но все это, как вы знаете, не работает.

Эта книга о том, что такое «успех» с научной точки зрения. Вы познакомитесь с нейрофизиологическими механизмами, определяющими успешность человека. Вы узнаете, что нейронаука отвечает тем, кто говорит: «Я не знаю, чего хочу» и «Я не знаю, как себя заставить что-то делать».

Наука уже знает правду о нас и о так называемом «успехе». А вы готовы узнать её?

УДК 159.9
ББК 88.3
    К93

    Курпатов А. В.
К 93   Мозг, который нужен всем / Андрей Курпатов — М. : ООО «Дом Печати Издательства Книготорговли «Капитал», 2020. — 80 с. : цв. ил.

ISBN 978-5-6043608-2-8

«Мозг, который нужен всем» — уникальная книга-комикс о самом важном органе нашего тела! Вы узнаете, как думает мозг, как он усваивает информацию, порождает эмоции, чувства и мысли, а также зачем с ним дружить, насколько это важно и самое главное — научитесь им управлять.

Научно-популярное издание
Курпатов Андрей Владимирович
МОЗГ, КОТОРЫЙ НУЖЕН ВСЕМ

Руководитель проекта Елена Никитина
Дизайн обложки, верстка  Ольга Кордюкова
Художник  Ольга Кордюкова
Корректор Татьяна Федосова

ООО «Дом Печати Издательства Книготорговли «Капитал»

143049, Московская область, Красногорский район, г. Красногорск, ул. Успенская, ДЦ «Успенский», д. 5, пом. 14 (оф. 513).

Подписано в печать 12.02.2020. Формат 70х100/16. Печать офсетная. Усл. печ. л. 6,5. Тираж 15 000 экз. Заказ № 0778/20

Отпечатано в соответствии с предоставленным оригинал-макетом в ООО «ИПК Парето-Принт», 170546, РФ Тверская область, Промышленная зона Боровлево-1, комплекс №3А, www.pareto-print.ru

В соответствии с Федеральным законом № 436-ФЗ от 29 декабря 2010 года маркируется знаком: 6+

www.vk.com/av.kurpatov            www.facebook.com/av.kurpatov
www.youtube.com/andreykurpatov    www.instgram.com/kurpatov_official